L'ÉQUIPE



# PANENKA

## RÈGLES DU JEU

Un jeu créé par
Salah Ben Meftah & Romain Eyheramendy

SOLAR

# UN NOM ET UN GESTE ENTRÉS DANS L'HISTOIRE

Le 20 juin 1976, dans le stade de l'Étoile rouge de Belgrade, Antonín Panenka est entré dans l'histoire. Dernier joueur tchèque de la séance des tirs au but en finale de l'Euro face à l'Allemagne de l'Ouest (2-2, a.p.), il a l'occasion d'offrir le premier titre de champion d'Europe à la Tchécoslovaquie qui mène alors 4-3 dans cet ultime exercice. S'il marque, l'Allemagne, championne du monde et championne d'Europe en titre, sera battue par une équipe dont tous les joueurs évoluent dans des clubs tchécoslovaques. Le milieu de terrain du Bohemians Prague s'élance mais, au lieu de tirer en force, il glisse le coup de pied sous le ballon et adresse une frappe molle en plein milieu de la cage. But ! Le légendaire gardien allemand Sepp Maier a plongé sur sa gauche.
La panenka est entrée dans le langage universel du foot. C'est la façon la plus humiliante pour le gardien d'encaisser un penalty, mais aussi la plus risquée pour le tireur de marquer.

PANENKA est un jeu qui, comme son nom l'indique, évoque le football et un exercice particulier, celui du penalty, ainsi que la façon que chacun a de célébrer son but (ou son arrêt) lorsqu'il est réussi ou manqué.

## Les éléments du jeu

### Le but du jeu

Le gagnant est celui qui remporte le face-à-face final sous forme d'une séance de penaltys classique après avoir éliminé les autres joueurs dont les 4 cartes « Célébration » auront été dévoilées au cours de la première phase de la partie.

### Nombre et âge des joueurs

De 2 à 5 joueurs. À partir de 6 ans.

## Comment jouer (plus de 2 joueurs)

### A. La mise en place

- Les joueurs se répartissent les rôles de tireur et de gardien, sachant qu'au cours du jeu le rôle de gardien tournera tous les 3 tirs.
- Chaque joueur prend 4 cartes « **Tir** », 1 carte « **Tir Panenka** » et 4 cartes « **Célébration** » de la couleur qu'il aura choisie. Les joueurs disposent devant eux, face cachée, les cartes « Célébration ». Ils gardent en main les autres cartes.
- Le gardien, lui, récupère en plus les 7 cartes « **Arrêt** » et la carte « **Arrêt Panenka** ».
- Le mini ballon est posé au centre de la table entre tous les joueurs, à égale distance des tireurs.
- Les autres cartes sont mises sur le côté.

### B. Le déroulement du jeu

Le joueur le plus jeune (ou celui qui réussit le plus de fois à faire des têtes avec le mini ballon !) débute la partie en tant que gardien. Il garde ce poste pendant 3 tours et ensuite donne les cartes « Arrêt » à son voisin de gauche qui à son tour devient gardien pendant 3 tours. Le premier gardien devient donc, à son tour, tireur.

La première phase du jeu s'arrête quand il ne reste plus que 2 joueurs pour jouer la finale.

Pendant ses 3 tours, le gardien n'a pas le droit d'utiliser deux fois la même carte. Après chaque tir, il met donc de côté la carte utilisée. Une fois qu'il cède son poste, le nouveau gardien récupère et joue avec les 8 cartes « Arrêt ».

1. Le gardien et les tireurs lancent simultanément chacun une carte « Arrêt » ou « Tir » de leur choix sur la table en criant « **PAA NEN KAA !** » de manière à ce que toutes les cartes soient bien visibles. Si un tireur ou le gardien n'abat pas sa carte simultanément aux autres ou ne la met pas de manière visible, il reçoit une carte « Carton jaune ».

2. 4 cas de figure (voir les exemples p. 10)

   - **Un seul tireur a marqué.** Il mime une des 4 « Célébration ». Il choisit chez tous les autres tireurs une carte « Célébration ». Si sa « Célébration » correspond à celle des cartes choisies, il retourne les cartes concernées, face visible pour tout le monde, sinon il les repose face cachée sans les montrer aux autres joueurs. À lui de se souvenir de l'emplacement des cartes « Célébration ».

   - **Plusieurs tireurs ont marqué un penalty**, il faut alors être le plus rapide pour attraper le mini ballon. Celui qui a le mini ballon mime une des 4 « Célébration ». Il choisit chez les tireurs malheureux uniquement (ceux qui n'ont pas marqué) une carte « Célébration ». Si sa « Célébration » correspond à celle des cartes choisies, il retourne les cartes concernées, face visible pour tout le monde, sinon il les repose face cachée sans les montrer aux autres joueurs. À lui de se souvenir de l'emplacement des cartes « Célébrations ».

   - **Si tous les tireurs ont marqué un penalty**, il faut alors être le plus rapide pour attraper le mini ballon. Celui qui l'a, mime une des 4 « Célébration ». Il choisit uniquement chez le gardien une carte « Célébration ». Si sa « Célébration » correspond à celle choisie, il retourne la carte concernée, face visible pour tout le monde, sinon il la repose face cachée sans la montrer aux autres joueurs.

À lui de se souvenir de l'emplacement de la carte « Célébration ».

- **Si aucun tireur ne marque**, c'est le gardien qui sort gagnant, il a arrêté tous les tirs. Il mime une des 4 « Célébration ». Il choisit une carte « Célébration » chez tous les tireurs. Si sa « Célébration » correspond à celle des cartes choisies, il retourne les cartes concernées, face visible pour tout le monde, sinon il les repose face cachée sans les montrer aux autres joueurs. À lui de se souvenir de l'emplacement des cartes « Célébrations ».

3. Les actions qui entraînent un « Carton jaune ».
   - Si un tireur attrape le mini ballon alors qu'il n'a pas à le faire.
   - Si le gardien utilise durant ses 3 tours, une carte « Arrêt » déjà utilisée.
   - Si un joueur n'abat pas sa carte simultanément.
   - Si un joueur lance une carte sur une autre carte.
4. Chacun reprend ses cartes et le jeu recommence pendant 2 tours. Ainsi au bout de 3 tours, on change de gardien.
5. Le joueur dont les 4 cartes « Célébration » sont retournées est éliminé de la partie.

## Les cartes « Carton jaune » et « Carton rouge »

Au bout de 2 « Carton jaune », le joueur reçoit un « Carton rouge ». La sanction, dévoiler une carte « Célébration » ! La carte « Carton rouge » est ensuite remise en jeu.

## La carte « Bonus Panenka »

1. Si un joueur marque seul un penalty grâce à une Panenka (carte « Tir Panenka »), il gagne une carte « Bonus Panenka » qui lui octroie plusieurs avantages.

- Remettre face cachée l'une de ses cartes « Célébration » dévoilée, et mélanger ses cartes « Célébration » non dévoilées.
- Jouer 2 cartes « Tir » en même temps lors d'un shoot.
- Transformer le « Carton jaune » d'un adversaire en rouge.

2. Si plusieurs joueurs marquent en même temps une Panenka, c'est le premier qui a attrapé le mini ballon qui bénéficiera d'une carte « Bonus Panenka ».
3. Si le gardien arrête une ou plusieurs Panenka avec la carte « Arrêt Panenka » uniquement, il peut sanctionner directement ses adversaires malheureux en retournant l'une de leurs cartes « Célébration » sans avoir à mimer lui-même une « Célébration ».

## C. La finale

Les finalistes vont s'affronter dans un face-à-face sous le regard des adversaires éliminés.

1. Ce duel se joue sans les cartes « Célébration » et comme une séance de penaltys classique avec 5 tirs au but chacun. On alterne le rôle de gardien et de tireur à chaque tir.

   Au bout de 5 tirs chacun, le joueur ayant marqué le plus de points a gagné la partie.

   En cas d'égalité, la partie se poursuit jusqu'à ce que l'un des 2 joueurs marque plus de points que son adversaire. Si l'un tente et marque une Panenka, il aura 2 points d'un coup et gagnera automatiquement la partie. Cependant, le risque est gros !
2. Les finalistes peuvent demander à l'un des adversaires éliminés de tirer ou d'arrêter un penalty à leur place, si celui-ci accepte bien entendu. Ainsi les joueurs

éliminés restent dans la partie et peuvent soutenir un des finalistes en vrais supporters.

3. Les joueurs éliminés peuvent demander de retirer un penalty si celui-ci leur semble à l'unanimité entaché d'une irrégularité (non simultanéité des cartes, cartes qui se superposent).

## Comment jouer (2 joueurs)

- Les deux joueurs récupèrent 4 cartes « Tir » et 1 carte « Tir Panenka » de la couleur du maillot de leur choix.
- Le joueur le plus jeune (ou celui qui réussit le plus de fois à faire des têtes avec le mini ballon !) débute la partie au poste de gardien et récupère donc en plus les 7 cartes « Arrêt » et la carte « Arrêt Panenka ».
- Chaque joueur sera à tour de rôle gardien de but ou tireur en s'échangeant à chaque duel les 8 cartes « Arrêt ».
- À chaque tour, le tireur et le gardien de but dévoilent simultanément leurs cartes respectives sur la table en criant « PAA NEN KAA ! ».
- Si le tireur transforme son penalty, il marque 1 point.
- Si le tireur marque le penalty avec une Panenka, il marque 2 points.
- Si le gardien arrête une Panenka, il marque 1 point.

### Mode tournoi

Cette mécanique de partie à 2 joueurs peut aussi faire l'objet d'un mode « Tournoi » avec un nombre pair de joueurs (minimum 4), dans lequel le vainqueur d'un duel se qualifie pour le tour suivant etc. jusqu'à la grande finale.

## Exemples de situations de jeu

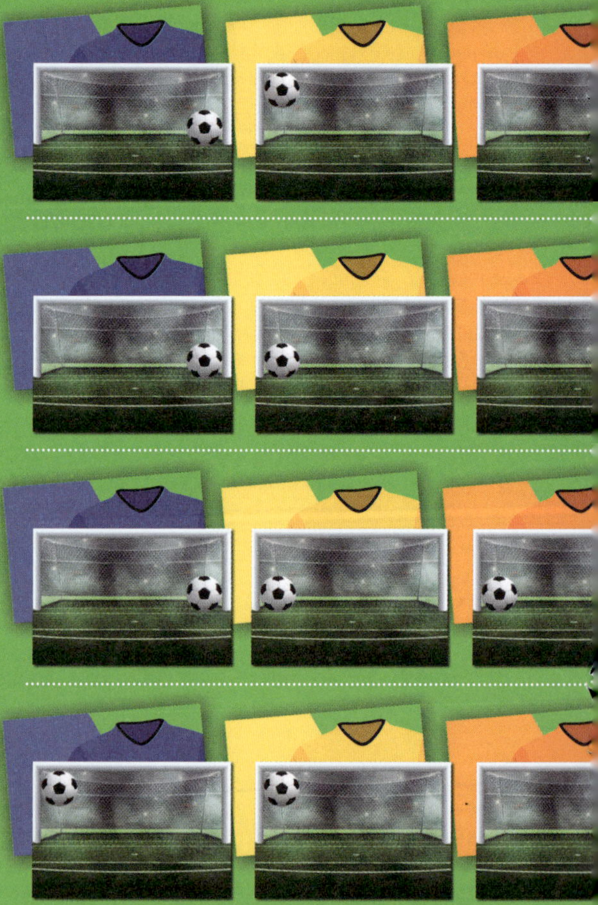

**Seul le tireur bleu a marqué son penalty,**

→ il peut célébrer son but et retourner une carte « Célébration » des 2 adversaires malheureux.

**Les tireurs bleu et jaune ont marqué leur penalty,**

→ le premier d'entre eux qui attrape le mini ballon peut célébrer son but et retourner une carte « Célébration » de l'adversaire malheureux (tireur orange).

**Tous les tireurs ont marqué leur penalty,**

→ le premier d'entre eux qui attrappe le mini ballon peut célébrer son but et retourner une carte « Célébration » du gardien malheureux.

**La gardien a arrêté tous les tirs,**

→ il peut célébrer son exploit et retourner une carte « Célébration » des trois tireurs malheureux.

L'ÉQUIPE

**Jeu créé par Salah Ben Meftah**
**& Romain Eyheramendy**
**Merci à Jean-Philippe Bouchard**

**Direction** : Didier Férat
**Direction éditoriale** : Corinne Cesano
**Édition** : Iris Odier
**Fabrication** : Camille Friquet

**Cet ouvrage a été réalisé pour**
**les Éditions Solar par Le Livre d'Après**

**Création graphique et mise en pages**
**de l'intérieur** : Jean-Louis Massardier
**Suivi éditorial** : Isabelle Raimond



ISBN : 978-2-263-18422-2
Code éditeur : L18422
Dépôt légal : Octobre 2023
Imprimé en Chine par Léo Paper